특별히＿＿＿＿＿＿＿＿＿＿＿＿＿＿＿께

이 소중한 책을 드립니다.

꽃에 감추인 복음

'요한복음 3장 16절'과 '꽃 그림'에서 캐낸 복음

글_ 박 영 직
그림_ 이 민 영
이 태 운
천 예 숙
캘리그라피_ 장 기 쁨

나침반

복음

성경에서
가장 먼저 암송한 말씀은
요한복음 3장 16절이었다.

"하나님이 세상을 이처럼 사랑하사
독생자를 주셨으니
이는 그를 믿는 자마다
멸망하지 않고
영생을 얻게 하려 하심이라"

이 말씀은
'마지막까지 기억될 말씀'
'복음 위의 복음'
'복음의 진수'라고
일컬어졌다.

그런데
이 말씀을 읽으면서

기쁨도 없었고
눈물도 없었다.

그저 너무 당연했고,
그저 너무 익숙했다.

그래서 눈물이 났다.

가슴을 치며,
이 말씀을 읽고, 또 읽었다.
수 천 번, 수 만 번…
묵상하고, 또 묵상했다.

꽃 그림

말씀을 묵상하다가
'꽃 그림'을 만났다.

꽃은
하나님께서 그리신
'살아있는 복음'이다.

꽃을 그린 그림에는
하나님의 지혜가 가득 담겨 있었다.
그것은 "감추인 보화"(마 13:44)였다.

나는 그림에 빠졌다.

그림에 감춰놓으신
하나님의 보물을 캐내며
참으로 기쁘고 행복했다.

그림을 통해 만나는 하나님이 좋았고,
그림을 통해 전하는 복음이 좋았다.

눈에 보이는 그림이
보이지 않는 하나님을 볼 수 있는
좋은 도구가 되었다.

나는 이 책에서

이태운 작가가 그린
해바라기, 나팔꽃, 들꽃,

이민영 작가가 그린

매화, 벚꽃, 백합,

천예숙 작가가 그린
장미, 국화, 포도나무,

그 속에 감추인 보물을 캐냈다.

나와 함께
천천히 읽는다면,
감추인 복음의 비밀을 캐내며
함께 기뻐할 수 있을 것이다.

생명

화가들은 복음 안에서
복음을 그렸다.

이는 하나님께서
그들을 통해 창조하신
'복음의 열매'였다.

'복음'은 살아있다.

복음은 그들에게 생명을 주었고,
그들의 삶과 주변에
"영생하도록 솟아나는 샘물"(요 4:14)이 되었다.

그들이 한 것은 없다.
그저 자기를 죽였을 뿐이다.
그 죽음 가운데 영생의 신비가 있었다.

"내가 진실로 진실로 너희에게 이르노니
한 알의 밀이 땅에 떨어져 죽지 아니하면
한 알 그대로 있고
죽으면 많은 열매를 맺느니라"(요 12:24)

이처럼
예수 그리스도를 통해
영생을 얻게 하신 하나님!

오직 하나님께 감사드린다.

오직 복음 안에서
박영직

목차

1
해바라기

하나님이

이태운, '해바라기꽃', 2015, 101×43.5cm, Pulp Molding

하나님 바라기

하나님께서 한 꽃에게
'태양만 바라보는 본성'을 주셨다.

이 꽃은
'해만 바라보는 꽃'이라고 하여
'해바라기'가 되었다.

태양은
해바라기를 어찌나 빛나게 하는지,

해바라기는
오직 태양 하나 만으로 충분하다.
더 이상 부족함이 없다.

하늘에서 쏟아져 내리는 빛을
온몸으로 받아내는 것이
쉽지만은 않았을 것이다.

그러나 해바라기는
자기 자리에 가만히 서서
버티고 또 버틴다.

오직 태양만 바라보고,
또 바라본다.
그래서 해바라기다.

태양은
자기만 바라보는 꽃에게
무한한 빛을 비춰 준다.

하늘의 빛!

"그 안에

생명이 있었으니"(요 1:4)
생명의 빛을 한없이 공급받아
생명의 열매를 풍성하게 맺는다.

삶에 피어난 복음

어느 날,
하나님 앞에서 고개도 들지 못하고
눈물을 흘리며 기도했다.

"하나님, 저는 죄인입니다.
왜 저를 목사로 부르셨습니까?

저는 게으르고 욕심이 많아
이 사명을 감당할 수 없습니다."

그때 하나님께서 내게 다가오셨다.
꿈이었는지, 환상이었는지 잘 모르겠다.

나는 종이컵을 들고 있었다.
그 안에는
반쯤 남은 '믹스 커피'가 담겨 있었다.

이미 차갑게 식어버려서
더 이상 먹을 수 없는 커피였다.

그런데 하나님께서 내 컵에
시원한 콜라를 따라주려고 하셨다.

그 전에 나는
내 컵에 담긴 것을 버려야 했다.

그러나 우물쭈물하는 사이
하나님께서 내 종이컵에 콜라를 따라주셨다.
콜라는 내 컵에 차고도 넘쳐흘렀다.

나는 탄식했다.

"하나님, 제가 회개의 때를 놓쳤군요.
제가 빨리 회개하지 않아서,
하나님께서 주신 콜라가 커피와 섞였고,
더 이상 먹을 수도 없게 땅에 쏟아졌군요."

그때 하나님께서 나에게 속삭이셨다.

"아들아! 낙심하지 말라!
내 은혜는 그렇게 작고 초라하지 않다.
나는 끊임없이 네게 은혜를 부어주겠다.

내 은혜가 네게 부어져,
네 죄는 내 은혜와 함께 사라질 것이다.

나는 여전히 은혜를 부어줄 것이니,
너는 시원한 콜라를 마실 수 있다."

나는 또 다시
하나님을 바라본다.

그 크신 하나님의 사랑이
나를 덮는다.

복음을 그리는 화가

새로운 상품을 만든 사람은
그것을 소비자에게 안전하게 전달하기 위해
'압축 폐종이'를 만들었다.

그 상품을 받은 사람은
제일 먼저 그것을 뜯어
쓰레기통에 버렸다.

이태운 작가는
그
버려진 '압축 폐종이'를 사랑했다.

자기 사명을 다하고,
쓸모없어 버려졌던 쓰레기가
그의 손에 붙잡히자
이처럼 모두가 기뻐하는 '작품'으로 거듭났다.

'해바라기꽃' 그림의 뒷면

이처럼 하나님의 손에 붙잡히면

비천했던 자가 존귀해진다.
죄인이 거룩해진다.
죽은 자가 영생을 얻는다.

그의 작품은 보는 방향에 따라 새롭다.

위에서 본 모습

아래에서 본 모습

왼쪽에서 본 모습

오른쪽에서 본 모습

믿음

해바라기들이 모두 앞을 보고 있다.
그 이유는 분명하다.
그 앞에 태양이 있기 때문이다.

그들의 가장 앞에 계신 예수님께서도
같은 곳을 바라보신다.

그리고
우리를 부르신다.

"나를 따르라"(요 1:43)

이 그림을 보고 있으면

나도 모르게 뒤를 돌아
그들과 같은 곳을 보게 된다.

그곳에
하나님께서 계셨다.

이제
예수님도, 해바라기도, 나도…
모두 함께
하나님만 바라본다.

이것이 '믿음'이다.

'해바라기'가 해만 바라보는 것처럼
'주바라기'는 주만 바라본다.

그 모습이 얼마나 사랑스러운지
주님께서 기쁨을 참지 못하시고,
덩실거리며 춤을 추신다.

'기쁨'은
생각 안에 머물 수 없다.

그의 얼굴과 몸에
행복한 꽃으로 피어난다.

주바라기들도 주님과 함께
하나님을 바라보며,
기쁨의 춤을 춘다.

하나님께서도 참지 않으셨다.
'새하얀 새'의 모습으로 임재 하셔서,
함께 춤을 추셨다.

이처럼 주바라기는
주님과 함께 춤을 춘다.

하나님만 바라보며
신나게 춤을 춘다.

"너희 기쁨을

빼앗을 자가 없으리라"(요 16:22)

소망

이보다 더 풍성한 꽃이
어디 있을까?

태양을 소망하는 해바라기는
수많은 '씨앗'을 품었다.

태양만 바라보고,
그 빛을 영접했으니
저절로 얻은 생명이다.

씨앗은
꽃의 '소망'이다.

그것은
온 세상을 생명으로
가득 채울 수 있을 만큼 풍성하다.

주바라기 안에는
예수 그리스도의 생명이 있다.

해바라기가
해바라기를 낳는 것처럼,
주바라기는 주바라기를 낳는다.

생명을 품은 소망은
어떤 고난 속에서도 인내하고 버티며
승리할 수 있는 힘이다.

이 '소망'은
우리의 '믿음'을 강하게 하고,
우리의 '사랑'을 풍성하게 한다.

사랑

해바라기는
"나는 태양을 사랑해!"
라고 말하지 않는다.

그러나 누구든지
해바라기가 해를 사랑한다는 것을 잘 안다.

사랑은 말하지 않아도,
그 눈빛과 행동만으로도 그 크기를 잴 수 있다.
사랑하면, 닮기 때문이다.

태양을 사랑하는 해바라기는
태양을 향해 뻗어 올라
키가 2미터까지 자라난다.

예수님께서는 분명히 그보다 작으셨다.
그러나 이 그림에서는 그보다 크다.
어떻게 그럴 수 있을까?

태양을 사랑하여
태양을 닮은 해바라기가
태양처럼 살게 되었기 때문이다.

태양의 사랑을 잔뜩 받아
열매로 충만한 해바라기가
기꺼이 고개를 숙였기 때문이다.

자기 열매를 자랑하지 않고,
그것을 빼앗길까봐 걱정하지도 않고,
생명을 나누는 생명이 되었기 때문이다.

그래서 태양도 웃고,
해바라기도 웃고,
세상도 웃는다.

이것이
"많은 사람을 부요하게"(고후 6:10) 하는
'생명의 풍성함'이며, '사랑의 신비'이다.

해바라기에 감추인 복음

하나님이
복음이다!

하나님만 바라보라!

처음과 마지막이신 하나님께서
한없이 쏟아 부어 주시는 생명을 얻고,
풍성한 열매를 거두게 된다!

2

나팔꽃

세상을
이처럼
사랑하사

이태운, '새벽 종 치는 사람', 2011, 107×97cm, Pulp Molding

어둠을 사랑한 세상

캄캄한 세상!
죄악의 악취가 진동하는 곳에
'빛'이 비추었다.

그 빛은
"세상을 심판"(요 3:17)하려는 것이 아니라,
"세상이 구원을 받게"(요 3:17) 하려고
어둠을 밝히는 '생명의 빛'이었다.

그러나 사람들은
"빛보다

어둠을 더 사랑"(요 3:19) 했다.

빛을 가로막고
어둠을 즐겼다.

그렇게 어둠이 되었으니
나를 볼 수 없었고,
너를 볼 수 없었다.

볼 수 없으니
사랑할 수 없었고,
살 수 없었다.

'나'를 보지 못하면서
나를 알아주지 않는
너 때문에 상처받고,

'너'를 보지 못하면서
"나로 네 눈 속에 있는

티를 빼게 하라"(마 7:4)
비판하고 정죄했다.

이처럼
어둠을 사랑한 세상은
상처 받고,
상처 주며,
어둠 속에서 신음했다.

어두운 세상에 피어난 꽃

새벽은
가장 어두운 시간이다.

이제 곧
밝은 태양이 떠오르리라고는
상상조차 할 수 없을 정도로 어둡다.

밤늦게까지 흥청망청 놀던 사람들도
새벽에는 불을 끄고,
피곤에 지쳐 잠을 잔다.

그러나 바로 그때,
어둠을 품고
피어나는 꽃이 있었다.

'나팔꽃'은
어둠에 지친 세상을
온 몸으로 감싸 안았다.

"세상을 이처럼 사랑하사"(요 3:16)
이처럼 꽉 끌어안았다.

품에 안아 위로하고,
사랑하고, 사랑하며
세상과 완전하게 하나 되었다.

이것이
예수님께서 하신 일이다.

"**상종하지 아니함**"(요 4:9)이 마땅한 세상에
"**영생하도록 솟아나는 샘물**"(요 4:14)을 주셨다.

"**거의 죽게**"(요 4:47) 된 세상을
"**살아 있다**"(요 4:50)는 말씀으로 살리셨다.

"**아버지께서
죽은 자들을 일으켜 살리심같이
아들도 자기가 원하는 자들을
살리느니라**"(요 5:21)

이처럼

하나님께서
세상을 이처럼 사랑하셨다.
하나님의 '이처럼'은
하나님의 전부다.

나도
하나님을 이처럼 사랑한다.
나의 이처럼은
나의 일부다.

하나님의 '이처럼'은 부족함이 없어
아무도 모르게 모든 것을 성취하지만,
자랑하지 않는다.

나의 이처럼은 항상 부족하지만,
이보다 더 잘할 수 없다고 자만하며
자랑하고 또 자랑한다.

나의 이처럼이
하나님의 이처럼을 닮을 수 있다면

우리 삶은
얼마나 풍성해질 수 있을까?

삶에 피어난 복음

우리 동네 '진성교회'가 있다.
2년 전, 배종명목사가 개척한 교회다.

기도하고 출발했으니
금방이라도 부흥을 이룰 것 같았지만
현실은 호락호락하지 않았다.

하루는 초등학생 아들과 함께
동네 마트 앞을 지날 때였다.
평소 과일을 좋아하던 아들이 말했다.

"아빠, 딸기 먹고 싶은데
사주시면 안 돼요?"

딸기는 5천원이었는데,
그때 그의 수중에 가진 돈은 3천원이었다.

그는 어찌 할 수 없어
이렇게 말했다.

"지금은 딸기 철이 아니야.
이건 하우스 딸기라 맛이 없어.
다음에 맛있는 것으로 사줄게!"

"그지? 다시 보니까 맛없게 생겼네."

눈치 빠른 아들의 응수가
도리어 가슴을 더 아리게 만들었다.

편치 않은 마음으로
다음날 새벽에 기도를 드리자니
은근히 불평이 나오기 시작했다.

"하나님!
저도 한 아이의 아버지인데
열심히 목회를 하면,
최소한 아들 앞에서
부끄럽지 않게는 해주셔야 되는 거 아닌가요?"

그는 내심
엘리야의 까마귀를 기대하며
하나님의 위로의 음성을 듣고 싶었다.

그러나 그때
그의 기대와는 전혀 다른
하나님의 음성이 들렸다.

"아들아!
너는 네 아들에게 딸기를 사주지 못해
이렇게 가슴 아파 하는구나.

참 힘들지?
나도 네 마음을 잘 안다.

그런데 아들아!
너는 나에게 뭔가를 해주지 못해서
이처럼 가슴 아파하고
눈물 흘려 본 적 있니?"

뒤통수를 한 대 얻어맞은 것처럼
정신이 번쩍 들었다.
부끄러운 마음에 얼굴이 화끈 달아올랐다.

"하나님,
그동안 하나님을 사랑한다고 고백했던 모든 것들이
저의 착각이고 위선이었음을 고백합니다.

저는 죄인입니다."

그는 새로운 마음으로
목회를 다시 시작했다.

하나님의 이처럼 큰 사랑이
그의 삶과 교회를 덮어
놀라운 기적이 나타나기 시작했다.

복음을 그리는 화가

이 그림의 제목은 '새벽 종 치는 사람'이다.
이것은 이태운 작가의 '자화상'이다.

이 그림에는 소리가 들린다.

"댕~! 댕~! 댕~!"
이것은 잠자는 영혼을 깨우는 거룩한 소리다.

사람들은 모두
어두운 세상에 파묻혀 잠을 자고 있다.

그때 한 사람이
홀로 일어나 새벽 종을 쳤다.
누구보다 먼저 열정의 꽃을 피웠다.

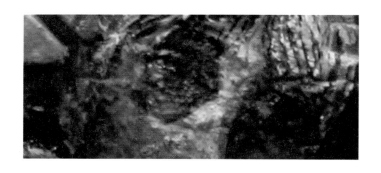

그의 얼굴에 졸음은 없다.
눈을 부릅뜨고 있다.
이제 곧 시들어 죽을 꽃처럼,
이것이 마지막이라는 마음으로 온 힘을 다한다.

가만히 서서 억지로 종을 치지 않는다.

한 사람이라도 더 듣게 하려고
온몸으로!
온힘을 다해 종을 친다.

그에게는
더하고 싶은 자기 생각과 경험이 있다.
빼고 싶은 껄끄럽고 부담스러운 말씀도 있다.

그러나 그는
다른 소리를 막는다.
소리를 낼 수 있는 입을 굳게 닫고,
몸에 가려서 보이지도 않게 한다.

"그는 흥하여야 하겠고
나는 쇠하여야 하리라"(요 3:30)

오직
종으로부터 흘러나온 순수한 소리!
가감 없이, 종과 하나 된 진실한 소리가
땅 끝까지 뻗어나간다.

이 거룩하고, 깨끗한 소리만이
듣는 사람들의 심장을 울린다.

어두운 새벽,
빛을 부르는 새벽 종소리만
크게 울려 퍼진다.

이처럼
이처럼
이처럼

꽃을 피우는 사명

'나팔꽃'은
어둠 속에서 꽃을 피우기 시작하여
해가 뜨기 전에 활짝 피어난다.

그러나 햇볕이 비추기 시작하면
점점 시들시들해지고,
햇볕이 뜨거운 오후에는
완전히 시들어버린다.

한 번 시들면,
다시 피지 않고 떨어진다.

그러나
그렇게 힘없이 떨어져 죽는
그 짧은 사이에
'생명'을 맺는다.

새벽 종을 쳐서
잠자는 사람들을 깨우는 것은

조금이라도 더 자고 싶은 나에게
귀찮아 힘든 일이다.

비천한 일처럼 보이는 나에게
하찮아 힘든 일이다.

그러나 나는
"광야에 외치는 자의 소리"(마 3:3)다.

날마다 성실하게 일어나
내 작은 꽃을 피운다.

금방 시들어
없어지는 것 같아 안타깝지만,

하나님께서
그 짧은 시간에
"영생에 이르는 열매"(요 4:36)를
맺게 하신다.

새벽 종소리

"댕…! 댕…!"

꿈속을 헤매다가도
벌떡 일어나 하루를 열게 해주는 소리가 있었다.

교회의 종탑에서부터 울려 퍼지는
새벽 종소리는
멀리멀리 숨어있는 사람들의 가슴속으로 파고든다.

종탑 속에 숨어있던 종소리는

자기 몸을 때리는 '종'의 사랑의 마음을 담아
이렇게 세상으로 뻗어 나간다.

그리하여
잠자던 사람들의 심령을 울린다.

사람들이 깨어 일어나
주님을 기억하고
교회로 모여든다.

이제 주님 안에 숨어있는 우리가
잠자고 있는 사람들의 영혼을 울리는
새벽 종소리가 되어야 한다.

언제부터인가…
새벽 잠을 깨우는 종소리가 사라졌다.

그와 동시에
잠자는 영혼들을 깨우는
제자들의 외침도 사라진 것은 아닌지…

지친 나의 심령을 깨워줄
종소리가 듣고 싶다.

나팔꽃에 감추인 복음

복음은
하나님의 사랑이다.

빛은 어둠을 사랑했다.

이처럼 놀라운 사랑을 받았으니
이것으로 충분하다.
우리에게 부족함이 없다.

3

들꽃

독 생자를 주셨으니

이태운, '어린 양', 2014, 45×38cm, Oil on canvas

꽃들의 시작

'들꽃'은
모든 꽃들의 시작이다.

원래 꽃은
하나님의 뜻대로
하나님께서 심으신 곳에서 피어난
'야생화'였다.

들꽃은
저마다의 색깔로
서로 조화를 이루며,

하나님의 세상을 아름답게 했고,
향기롭게 했다.

인간의 소유욕은
들꽃을 꺾고, 가두었다.

그러나 꽃은
그러한 인간을 위해서도
아름답고, 향기롭게 피어났다.

땅 끝에 피어난 꽃

들꽃이 피었다.
벼랑 끝에

이곳은 아무도 살지 않는
'땅 끝'이다.

'나'는 땅 끝이다.
변두리에 피어난
작고, 약하고, 부족한 존재다.

그러나 변두리의 쓸모없는 나에게
"아버지의 독생자"(요 1:14)이신
"하나님의 어린 양"(요 1:29)께서 찾아오셨다.

나와 함께 서서
크고, 강하고, 부요한 존재로
나를 세워주셨다.

하나님의 어린 양은
땅 끝에서 피어나
하나님의 사랑을 설교한다.

"나는 땅 끝까지 사랑해!

네가 아무도 없는 구석에서
홀로 눈물을 흘릴 때,
내가 너와 함께 있었단다.

네가 나를 피해
땅 끝까지 가서 숨어도
나는 너를 사랑해!"

삶에 피어난 복음

큰아들 희성이가 두 살 때,
중이염 수술을 받기 위해 병원에 입원했다.

수술을 받지 않으면
제대로 들을 수 없게 된다는 것을 알기에
아이와 함께 병원에 입원했다.

수술보다 힘든 것은 금식이었다.
수술 전에는 물도 마실 수 없다는 것을
아이에게 설명할 수 없기 때문이었다.

아이는 먹을 것을 달라고 울기 시작했다.
그저 우는 것이 그가 할 수 있는 전부였다.
그는 최선을 다해 울었다.
온힘으로 울부짖었다.

나는 그저…
아이 옆에서 함께 하는 것 밖에
아무 것도 할 수 없었다.

아무리 몸부림쳐 울어도
아무 것도 먹을 수 없자
아이는 예쁘게 두 손을 모으고
공손하게 부탁했다.

"주세요."

그 한 마디가
아빠의 심장을 울렸다.

아들을 끌어안고
그저 함께 울고 또 울었다.

그날 밤,
아이를 등에 업고
밤새도록 자장가를 불러주었다.

그렇게 아이는
아빠의 품에서 잠이 들었다.

아이가 금식의 고난을 이기고
수술을 성공적으로 받을 수 있었던 것은
아빠가 아이와 함께 했기 때문이었다.

이처럼
독생자께서 우리와 함께 하시니
땅 끝에서도 평안을 누린다.

"세상에서는 너희가 환난을 당하나
담대하라
내가 세상을 이기었노라"(요 16:33)

독생자를 주셨으니

"하나님의 어린 양"(요 1:36)께서
들꽃과 함께 땅 끝에 서있다.

하나님께서
땅 끝으로 보내셨기 때문이다.

거기서 울고 있는 우리를 위해
단 하나 밖에 없는
하나님의 어린 양을 주셨다.

하나님의 약속대로!
우리 죄를 짊어지고 십자가에서 죽으셨고,
약속대로 죽음을 이기고 부활하셨고,
약속대로 영원히 우리와 함께 하신다.

그 얼굴에 괴로움이 없다.
풍성한 긍휼로 우리를 바라보시며
영원히 우리와 함께 하신다.

아이에게 가장 좋은 곳은 어디일까?
최고급 아파트?
장난감 많은 놀이터?
맛있는 것이 풍성한 식당?

아니다.
엄마와 함께 있는 곳이다.
그곳이 아이의 천국이다.

아이는 엄마와 함께 할 때,
가장 행복한 얼굴로 환하게 웃는다.

이처럼
주님께서 우리와 함께 하시니
땅 끝에서도 크게 웃을 수 있다.

치유

한 마리 '양'이 있다.
이 양은 뚱뚱하고, 지저분하다.
그런데 가만히 보니, '양털'이 문제다.
양털이 수북하게 양을 덮었으며,
또한 상당히 더럽혀졌다.

양털은 일 년에 두세 번 깎는 것이 정상이다.
그러나 사람들은
수북한 양털로 수익을 증대시키기 위해

일 년 내내 양털을 깎지 않았다.

돈 욕심 때문에
양들이 고생하는 것은 보이지 않았다.

양털은 하나님께서 양에게 주신 좋은 옷이지만,
수북한 양털은 양에게 '무거운 짐'이 되었다.
제대로 깍지 않으면,
거기에 온갖 더러운 것들이 들러붙어
양의 살을 갉아먹고, 병들어 죽게 한다.

양은 '예수님'을 상징한다.
'교회'는 그분의 몸이다.

주님은 거룩하시다.
그러나 주님의 몸이 더럽혀졌다.
욕심 때문에 수북한 털을 깎지 않았기 때문이다.

어떻게 하면 좋을까?
오래된 묵은 털들을 전부 다 깎아버릴까?
그러면 얼마나 시원할까?

그러나 어찌 할 수 없어
주저앉아 누워있던 우리에게
주님께서 말씀하신다.

"네가 낫고자 하느냐"(요 5:6)

**"진실로 진실로 너희에게 이르노니
죽은 자들이 하나님의 아들의 음성을
들을 때가 오나니 곧 이때라
듣는 자는 살아나리라"**(요 5:25)

사명

하나님의 어린 양이
땅 끝에서
땅의 중심을 보고 있다.

크고, 넉넉한 중심에
안전하게 서고 싶은 우리를
땅 끝으로 부르신다.

사명이란,
'땅 끝으로 가는 것'이다.

땅 끝이란,
주님께서 우리에게 "가라" 하신
'사명의 땅'이다.

사명의 땅에 서는 것은
참으로 위험하고 힘든 일이다.

**"어린 양을
이리 가운데로 보냄과 같도다"**(눅 10:3)

아무도 가려고 하지 않는 먼 곳,
안전하지 않은 불안한 땅,
그러나 주님께서 말씀하시니
가장 먼저 달려간다.

주님 약속을 믿기 때문이다.
**"내가 세상 끝날까지
너희와 항상 함께 있으리라"**(마 28:20)

그렇다!

사명의 땅은
절망하기 쉬운 위험한 곳이지만,
주님께서 함께 하시니
기적과 승리가 가득한 축복의 땅이다.

다른 사람들만 가게 한다면,
부끄러워 고개를 들 수 없을 것이다.

끝없는 '쾌락'을 따라간다면,
열매 없이 허무할 것이다.

욕심에 이끌려
'본능'을 따라 간다면, 망할 것이다.

"썩을 양식을 위하여 일하지 말고
영생하도록 있는 양식을 위하여 하라"(요 6:27)

복음을 그리는 화가

예수님께서 걸어가신 곳은
길이 되었다.

예수님을 믿는 자는
그 길을 따라 걷는다.

예수님께서 계신 곳은
천국이 되었다.

예수님을 믿는 자는
그 천국에서 생육하고 번성한다.

이태운 작가는
고등학교 미술교사의 사명을 마치고
삶의 터전을 한적한 아파트로 옮겼다.

그는 그곳에서
예수님과 함께 새로운 삶을 시작했다.

그러자
그가 사는 동네는
조금씩 변화되기 시작했다.

그 동네 구석에는
죄 짓기 딱 좋았던 어두운 공간이 있었다.
그곳은 그의 빛나는 작업실로 변화되었다.

탁 트였던 공간을 막고
동네를 삭막하게 했던 아파트 벽은
사람들을 웃게 하는 그림으로 채워졌다.

아무도 찾아오지 않았던 어두운 창고는
많은 사람들이 모여
그림도 배우고, 탁구도 치는 문화센터가 되었다.

세상은 그렇게 천국이 되었다.

들꽃에 감추인 복음

복음은
가장 귀한 선물이다.

하나님께서 독생자를 주셨다.

주님께서 우리와 함께 하시니
변두리도 중심이 되고,
지옥도 천국으로 변화된다.

4
매화

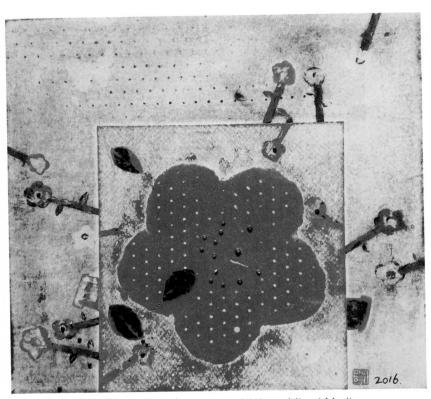

이민영, '교회 가는 길', 2016, 32×30.3cm, Mixed Media

소망의 꽃

나만 알던 어린 시절에는
새하얀 눈이 좋았다.

하늘에서 떨어지는 눈을
입으로 받아먹으며 놀았고,

아무도 밟지 않은 눈밭에
길을 내며 자랑스러워했고,

눈을 한주먹 움켜쥐고
서로 주고받으며 기뻐했다.

어느새 어른이 된 지금은
차가운 눈을 즐길 수 없게 되었다.

우리 할머니가
미끄러져 넘어지면 어찌할까?

밖에서 일하는 삼촌은
얼마나 추울까?

가난한 내 친구는
어찌 이 추위를 견딜까?
난방비는 감당할 수 있을까?

그러나 내가 할 수 있는 일은 없었다.
그저 하는 수 없이
봄이 오기만을 간절히 기다릴 뿐이었다.

모두가 그렇게
눈 속에 숨어
숨을 죽이고 있을 때,
조용히 혼자 피어난 꽃이 있었다.

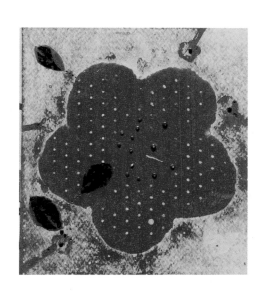

눈 속에서 홀로
빨갛게 피어난 '매화'는
온몸으로 봄이 왔음을 선포하며
그렇게 세상의 '소망'이 되었다.

먼저 주신 사랑

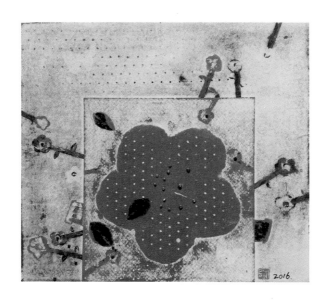

그림을 보면,
네모 안에 네모가 있다.

'큰 네모'는 세상이며,
'작은 네모'는 나 자신이다.

세상은 여전히 추운 겨울이었고,
더불어 내 마음도 매섭게 차가웠다.

그 차디 찬 곳에
예수님께서 뿌리를 내리셨고,
매화처럼 피어나셨다.

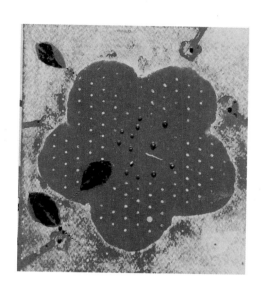

내 작은 마음에
'큰 꽃'이 활짝 피었다.

내 차가운 마음에
'뜨거운 사랑'이 부어졌다.

"이는"(요 3:16)
먼저 주신 사랑이었다.

"내가 온 것은

양으로 생명을 얻게 하고

더 풍성히 얻게 하려는 것이라"(요 10:10)

삶에 피어난 복음

중학교 3학년 때,
교회에서 '중등부 회장'이 되었다.

처음으로 받은 임원의 사명이라
어찌해야 할지 막막하여
고등부 임원이었던 형에게 물었다.
"중등부 회장은 뭐하는 거야?"

형의 대답은 간단했다.
"먼저 인사하는 거야!"

'소녀 같은'이라는 별명이 있을 정도로
부끄러움이 많았던 시절이라
인사는 무척 힘든 일이었다.

그러나 나는
누구보다 먼저 교회로 달려가서
문을 활짝 열고, 그 앞에 섰다.

그리고 붉게 달아오른 부끄러운 얼굴로

교회에 오는 사람들에게
인사하는 사명을 시작했다.

예배를 마친 후에는
마지막 사람이 돌아갈 때까지
인사하는 사명을 마쳤다.

그렇게 임원의 사명을 행하면서
하나님의 사랑을 알게 되었다.

"사랑은
먼저 하는 것이구나!"

하나님께서
세상을 이처럼 사랑하사
독생자를 주셨으니

"**이는**"(요 3:16)
하나님께서 먼저 시작하신 사랑이었다.

하나님을 사랑하는 사람은
누구보다 먼저 사랑한다.

먼저 다가가 인사하고…
먼저 가진 것을 나누고…
먼저 이해하고 용서하고…

이렇게 먼저 하니
얼어붙은 마음을 녹이고,
닫힌 마음의 문을 열어 주는
"세상의 빛"(요 8 : 12)이 된다.

이는

독생자를
어두운 세상으로 보내시는
하나님의 마음은 얼마나 아프셨을까?

그러나
"이는"(요 3:16)
하나님의 충만한 기쁨이었다.

그러므로
'이는'

우리에게 다가온
'발걸음'이 되었다.

우리를 감싸 안은
'손'이 되었다.

우리를 위해 죽은
'삶'이 되었다.

"나는 선한 목자라
선한 목자는 양들을 위하여
목숨을 버리거니와"(요 10:11)

이민영 작가는
매화를 빨간 색으로 그렸다.

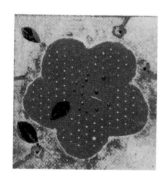

이는
우리를 구원하기 위해
아낌없이 붉은 피를 흘리신
예수님을 상징한다.

매화는
그 한없는 사랑으로 물들어 있다.

이로써
구원의 문이 열렸다.

예수님께서 닫힌 문과 하나 되어
십자가에서 자기 몸을 찢으심으로
구원의 문을 활짝 열어 놓으셨다.

"내가 문이니
누구든지 나로 말미암아
들어가면 구원을 받고
또는 들어가며 나오며 꼴을 얻으리라"(요 10:9)

그 사랑이
우리 운명을 바꾸어 놓았다.

이제 나는
우리 주 예수 그리스도를 믿는다.
이제 나는
멸망하지 않고 영생을 얻었다.

이제 나는
'이는'에 이를 수 없는
내 작은 마음에
하나님의 '이는' 사랑으로 충만하다.

복음을 그리는 화가

이민영 작가는
'교회 가는 길'을 이렇게 그렸다.

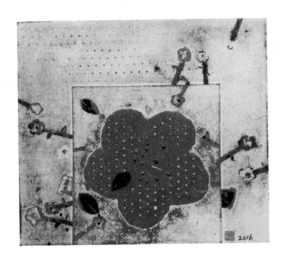

교회를 향해 가는 길에
예쁜 꽃들이 피어있다.

가운데 있는 '큰 꽃'은
그녀 마음에 피어난 행복이다.

주님께서 그녀의 마음에
꽃처럼 활짝 피어나셨다.

어찌나 기쁘고 즐거운지
그 주변에는 '작은 꽃들'로 충만하다.

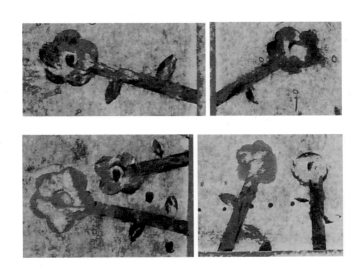

물론 가는 길에는
쓰레기도 많다.

그러나 그 마음에
꽃으로 충만한 행복한 사람,
그 눈에는 꽃만 보인다.

그 마음에 꽃이 피어난 그녀
수많은 꽃들과 함께 하나님을 찬양하며
누구보다 먼저
교회로 달려가고 있다.

하나님의 사랑을 맛본 자의
배부름과 넉넉함으로 세상에 크게 외친다.

"네가 믿으면

하나님의 영광을 보리라"(요 11:40)

예배

교회 가는 길은
하나님을 예배하는 길이다.

"하나님은 영이시니
예배하는 자가
영(靈)과 진리(眞理)로 예배할지니라"(요 4:24)

'예배'는 벌써 시작 되었다.

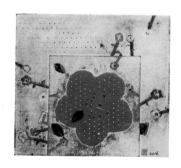

내 마음의 중심에
하나님께서 피어나셨으니

감히 내가
그분을 모신 교회가 되어

세상은 하나님을 예배하는
꽃밭이 된다.

생명

매화꽃의 중심에 '꽃가루'가 있다.
그것은 생명이다.

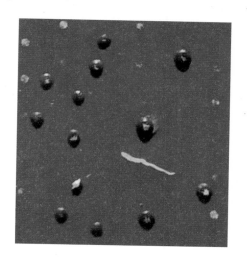

매화는 바람을 이용하여
꽃가루를 날려 보낸다.
그래서 '잎'보다 '꽃'이 먼저 핀다.

잎을 달고 있으면
바람이 꽃가루를 옮겨가는 길을
방해할 수 있기 때문이다.

그런데도 내 마음에는
시커먼 잎이
자꾸만 먼저 피어난다.

 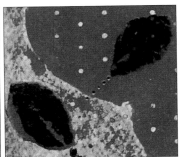

주님을 돕겠다고
내 뜻대로 잎을 만들어
꽃을 가꾼다.

그러나
내 겉모양을
화려하게 꾸미려는 욕심이다.

그렇게 열심히
꽃을 가꾸었다고 자랑하지만,
실은 주님의 길을 막고 있는 중이다.

잎이 많을수록
열매는 줄어들고
세상은 어두워진다.

열매

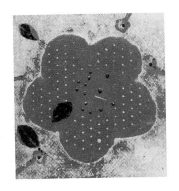

내 마음에 매화가 꽃 피우니
나를 중심으로
그 주변에 수많은 꽃들이 피어있다.

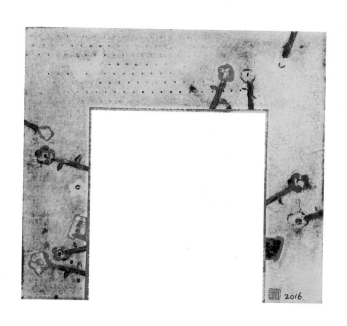

여기서 누가 먼저 피었느냐는 중요하지 않다.
누가 위에 피었고,
누가 아래에 피었는지도 아무 상관없다.

어느 곳에 피었든
같은 뿌리에서 나왔고,
같은 곳을 바라보며,
함께 자라난다.

새로 피어난 꽃은
다른 꽃들 사이에서 자리를 잡는다.

다른 꽃들은
새 친구가 하늘을 잘 볼 수 있도록,
기꺼이 자기 자리를 양보한다.

그렇게 모두 다 함께 어울려
하늘을 향해 꼿꼿이 서서
더욱 건강하게 자라난다.

때가 되면,
'매실'이 주렁주렁 열린다.

매화에 감추인 복음

복음은
하나님께서 시작하신 사랑이다.

먼저, 하나님께서 독생자를 주셨다.

구원의 문이 활짝 열렸으니,
우리는 주님을 믿고,
먼저 십자가를 질 수 있다.

5

벚꽃

이민영, '나의 갈망은', 2016, 47.5×63cm, Mixed Media

죽음

떨어져 죽는 것이
이처럼 예쁘고 찬란한 꽃이
어디에 있을까!

사람들은
길을 따라 '벚꽃'을 심고
그 죽음을 기념하며
축제를 벌인다.

벚꽃이 많을수록
그 길이 길수록
많이 떨어져 죽을수록
더욱 큰 잔치가 벌어진다.

아름다운 죽음을 보기위해
멀리서도 찾아와
죽음의 길을 따라 걸으며
기뻐하고, 또 기뻐한다.

이 죽음을
자기 혼자만 즐기지 않고,

사랑하는 사람과
함께 보고,
함께 걷고,
함께 기뻐한다.

그렇게
남의 죽음 위에 서서
그 죽음의 길을 따라 걸으며
사랑은 더욱 깊어진다.

그렇게 죽는 것이
사랑이기 때문이다.

"내가 내 목숨을 버리는 것은
그것을 내가 다시 얻기 위함이니
이로 말미암아
아버지께서 나를 사랑하시느니라"(요 10:17)

삶에 피어난 복음

우리 교회 앞에 벚꽃이 있다.
그러나 아직 꽃을 피우지 않았을 때,
나는 벚꽃의 존재를 잊고 산다.

이것이 내가 예수님께 행한 일이다.
주님께서는 항상 나와 함께 하시지만,
눈에 보이는 증거가 없으면 쉽게 잊는다.

벚꽃이 활짝 피었다.
나는 잠시 발걸음을 멈추고, 벚꽃을 보며 기뻐한다.
그러나 아주 잠깐 동안 뿐이다.
다른 일들에 정신이 팔려 금방 잊는다.

이것이 내가 예수님께 행한 일이다.
아주 잠깐 동안만 기뻐할 뿐,
대부분의 시간은 주님을 잊고 산다.

벚꽃을 기뻐하는 내 마음에는 걱정도 함께 피어난다.
"이 예쁜 꽃이 금방 떨어질 텐데…. 아깝다."
그러나 벚꽃이 그 잠깐 동안
얼마나 큰일을 하는지는 알지 못한다.

이것이 내가 예수님께 행한 일이다.
부활이요, 생명이신 예수님께서 모든 것을 이루시는데…
나는 괜한 걱정에 빠져 엉뚱한 행동을 한다.

나는 사람들에게 벚꽃의 아름다움을 말한다.
나에게 얼마나 큰 기쁨과 향기로운 꽃내음을 주었는지…
그러나 정작 벚꽃에 관해서는 관심이 없다.

이것이 내가 예수님께 행한 일이다.
내게 좋아하는 부분만 알고 있을 뿐,
진짜 예수님에 관해서는 제대로 알지 못한다.

나는 이것 밖에 하지 못했다.
그러나 주님께서는

또 다시 나를 위해 죽으시고, 부활하신다.

이 놀라운 영생의 신비와
하나가 될 수 있도록
오늘도 나를 부르신다.

언제쯤 나는
내 죽음으로 주님의 죽음을 말할 수 있을까?

"예수님께서 이렇게 죽으셨습니다!"

복음을 그리는 화가

그림 한 가운데
예쁜 꽃 한 송이가 활짝 피었다.
이것은 '벚꽃'이다.

벚꽃은 담홍색으로 피어나지만,
이민영 작가는 붉은 색으로 그렸다.
이 꽃은 '예수님'이다.

작가의 상상력은
우리를 위해 죽으시며

붉은 피를 흘리신 예수님을
'붉은 벚꽃'으로 그렸다.

얼마나 모진 박해를 받았던지
그 가슴에 못 자국이 선명하다.

이민영 작가는
붉은 벚꽃 주변에
네모난 나무 조각을 붙였다.

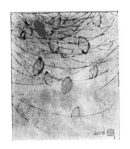

버려진 나무 조각으로
꽃의 사방을 꽉 막고,
욱여싸 죽였다.

주님을 향한
이민영 작가의 갈망은
이와 같은 고난의 과정을 통해
죽음을 이기고 부활하신
영광의 십자가 작품을 완성했다.

우리는 "그를"(요 3:16)
이처럼 죽였다.

그러나 하나님께서는
십자가 죽음에서
부활이라는 작품을 완성하셨다.

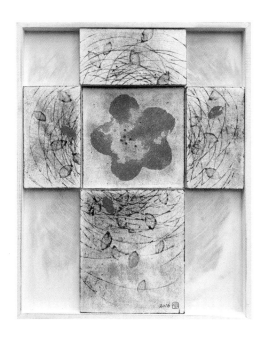

고난을 끌어안고

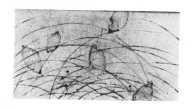

십자가 죽음은
위에 계신 하나님의 뜻이었다.

예수님께서는
하늘에서부터 내려오는 고난을
기꺼이 받으셨다.

"아버지께서 주신 잔을
내가 마시지 아니하겠느냐"(요 18:11)

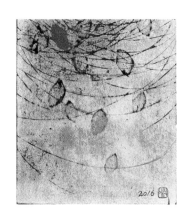

죽음의 위협은
아래에서도 강력하게 올라왔다.

"한 사람이
백성을 위하여 죽는 것이
유익하다"(요 18:14)

예수님께서는
그저 묵묵히 피를 흘리고
죽으셨다.

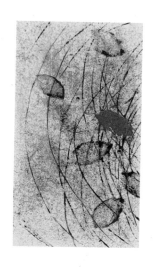

예수님의 오른쪽에서
주님을 사랑하는 제자들도
주님을 괴롭혔다.

배신자도 있었고,
부인하는 자도 있었고,
대부분은 두려움에 떨며 도망갔다.

그러나 예수님께서는
끝까지 그들을 끌어안고
사랑으로 돌보셨다.

"이 사람들이 가는 것은

용납하라"(요 18:8)

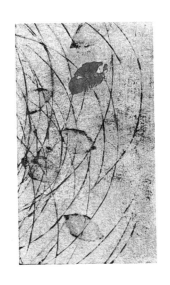

예수님의 왼쪽에서
"주님을 십자가에 못 박으라"고
소리 질러대던 원수들도 있었다.

그들은
채찍과 모진 고문과 십자가 형벌로
주님을 짓밟았다.

그러나 예수님께서는
피로 물들어 죽어가면서도
오히려 그들을 긍휼히 여기셨다.

"아버지 저들을 사하여 주옵소서
자기들이 하는 것을 알지 못함이니이다"(눅 23:34)

예수님께서
이처럼 모든 것을 끌어 안으셨다.

그렇게
모든 것이 하나 되어
세상을 살리는
'십자가'가 완성되었다.

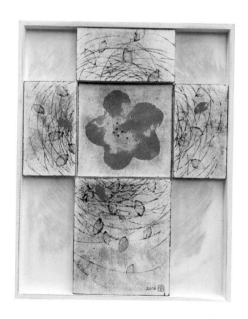

예수님께서 이기셨다.

그를 따라 피고, 지고,

수많은 벚꽃들이
함께 피어 나무를 덮고,
온 세상을 덮었다.

벚꽃들에게는
자기들의 화려한 아름다움을
끝까지 간직하고 싶은 욕심이 없었을까?

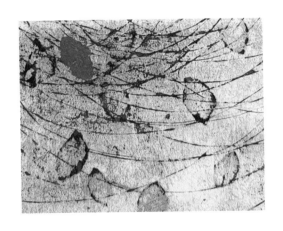

그러나 한 벚꽃은
"영광을 얻을 때"(요 12:23)를 알고
가지 위에 잠깐 머물다가

홀연히 떨어졌다.

그것은
더욱 귀한 생명의 열매로
온 세상을 풍요롭게 하는
하나님의 지혜였다.

"한 알의 밀이
땅에 떨어져 죽지 아니하면
한 알 그대로 있고
죽으면 많은 열매를 맺느니라"(요 12:24)

죽는 것은
벚꽃의 삶이다.

죽어서
더욱 아름다운 벚꽃은

혼자 떨어지지 않고,
며칠 만에
소리 없이 모두 떨어진다.

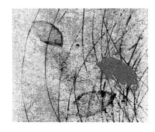

그렇게 죽어서
하나님께 영광이 되고,
사람들에게 기쁨이 된다.

죽지 않는다면,
오히려 이상하고,
신기할 따름이다.

세상은 그저
벚꽃의 죽음을 보며 기뻐한다.

그러나
우리는 벚꽃이다.

예수님과 함께 예쁘게 피고,
예수님과 함께 떨어져 죽고,
예수님과 함께 다시 피어난다.

죽지 않으려고
발버둥 쳐도 소용없다.

성령의 바람이 불면,
먼저 떨어지신 예수님을 따라
멋지게 떨어져
더욱 풍성한 열매를 맺는다.

벚꽃에 감추인 복음

복음의 중심에
예수님께서 계신다.

예수님께서 죽음을 이기셨으니
이제 더 이상 두려움은 없다.

우리는 이미 죽었고,
기꺼이 죽을 수 있고,
반드시 부활한다.

6

매화

믿는 지미다

이민영, '선물', 2015, 20F, 장지에 수간채색

믿음

백합의 꽃잎을 세어보자.
모두 6장이다.

그렇게 보여서
그렇게 알고 있을 뿐,
사실은 3장이다.

3장은 '꽃잎'이고,
나머지 3장은 '꽃받침'이다.

꽃잎을 **믿는** 꽃받침이
꽃잎을 영접했다.

"영접하는 자
곧 그 이름을 믿는 자들에게는
하나님의 자녀가 되는 권세를 주셨으니" (요 1:12)

이처럼 완벽하게
아버지 하나님을 닮게 되었다.

꽃잎을 **소망하는** 꽃받침이
꽃잎을 따라 자라났다.

"나를 따르는 자는
어둠에 다니지 아니하고
생명의 빛을 얻으리라"(요 8:12)

분명하게 꿰뚫어 보게 되었으니
똑바로 자라나게 되었다.

꽃잎을 **사랑하는** 꽃받침이
꽃잎과 하나가 되었다.

"너희가 내 안에 거하고
내 말이 너희 안에 거하면
무엇이든지 원하는 대로 구하라
그리하면 이루리라"(요 15:7)

꽃받침은 가장 큰 소원을 이루었다.
그것은 꽃잎과 하나 되는 것이다.

꽃잎을 믿어,
꽃잎을 알고,
꽃잎과 하나 된 꽃받침은
꽃잎의 삶을 살게 되었다.

삶에 피어난 복음

나는 세상에서
이만한 믿음을 보지 못했다.
나의 어린 두 아들들의 믿음!

나의 아들들은
잠시도 쉬지 않고 열정을 발산한다.

그러다가 지치면,
아무 곳에서나, 아무 생각 없이 잠을 잔다.

아버지가 잠자는 자신을 안아서
편안한 곳으로 옮겨주실 것을 믿기 때문이다.

기쁨, 슬픔, 분노….
그 어떠한 감정들도 아주 솔직하게 표현한다.

어떤 때는 정말 예의가 없다.
이 모든 행동들을 아버지가 다 이해하고,
받아주실 것을 믿기 때문이다.

어떤 문제로 서로 싸울 때,
아버지의 말 한 마디는 그 모든 것을 해결한다.

아버지의 말은 모두 다 옳다고 믿기 때문이다.
그 어떤 어려운 문제 앞에서도
아버지의 말이 해답이 된다.

그렇게
어린 아들들은
아버지를 닮은 어른이 된다.

그런데…

나는 하나님의 아들로서
어떤 믿음을 가지고 있는가?

그 어떤 곳에서도
아무 걱정 없이 편안히 잠들 수 있는가?

그 어떤 상황 속에서도
나의 끼를 마음껏 발산할 수 있는가?

그 어떤 문제를 만나도

하나님의 말씀이 내 삶의 기준이 되는가?

"나는 부활이요 생명이니
나를 믿는 자는 죽어도 살겠고
무릇 살아서 나를 믿는 자는
영원히 죽지 아니하리니
이것을 네가 믿느냐"(요 11:25-26)

하나 됨

꽃잎 한 장!

저 하늘에 계신 **하나님**,
"육신이 되어
우리 가운데 거하시매"(요 1:14)
무지한 우리가
하나님을 알게 되었다.

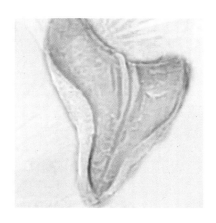

꽃잎 한 장!

인간이 되신 하나님의 아들 **예수님**,
"아버지께서 내게 말씀하신
그대로"(요 12:50)
하나님을 보여주셨고,
구원을 이루셨다.

꽃잎 한 장!

지금도 여전히 우리와 함께 하시는 **성령님**,
"그가 너희에게 모든 것을 가르치고
내가 너희에게 말한 모든 것을
생각나게 하리라"(요 14:26)

세 분이 어떻게 한 분이 되셨는지
나는 알지 못한다.

그러나 나는 믿는다.
세 분이시며, 한 분이신 하나님께서
이렇게 예쁜 꽃으로 피어나
우리를 구원하셨다.

셋이며,
하나이신 분!

전능하시며,
연약하신 분!

저 하늘에 계시며,
우리 안에 계신 분!

완벽한 세 장의 꽃잎을 품은 꽃받침은
이처럼 완벽하게 하나 된다.

"그날에는 내가 아버지 안에,

너희가 내 안에,

내가 너희 안에 있는 것을

너희가 알리라"(요 14:20)

누구든지

갓 태어난 아기에게도
곧 죽을 노인에게도
똑같은 기회가 주어졌다.

"누구든지 믿기만 하면 된다."

사람 취급 받지 못했던 여자도
귀찮게 여겨졌던 아이도
똑같은 초대를 받았다.

"누구든지 믿기만 하면 된다."

부정하다고 버림받았던 병자도
죄인이라고 내동댕이쳐졌던 세리도
함께 어울릴 수 없었던 사마리아인도
차별받지 않았다.

"누구든지 믿기만 하면 된다."

믿는 자마다

누구든지
"믿는 자마다"(요 3:16)
백합 꽃잎을 품은 꽃받침처럼
하나님의 영원한 생명을 얻는다.

꽃받침 사이에 차별은 없다.
받은 은사대로
서로 다른 방향을 따라 자라났지만,

삼위일체 하나님처럼
하나이기 때문이다.

**"우리와 같이 그들도
하나가 되게 하옵소서"**(요 17:11)

이제
내 편과 네 편의 갈등이 없다.
누구든지 믿는 자마다
한 몸이 되었기 때문이다.

부자와 가난한 자의 차별은 없다.
그러므로 돈을 숭배하지 않는다.

남자와 여자의 구별은 없다.
그러므로 음욕이 틈타지 않는다.

배운 자와 배우지 못한 자의 갈등은 없다.
그러므로 서로 존중하며 섬긴다.

우리는
예수님을 닮아
서로 사랑함으로

완벽하게 하나 된 교회를 꿈꾼다.
이렇게 그리스도의 몸 된 교회는
분리와 갈등의 지옥에서 허덕이는 불신자들을
믿음의 삶으로 초대한다.

"누구든지 와라!
믿는 자마다 영생을 선물 받는다!"

복음을 그리는 화가

이민영 작가는
백합꽃을 예쁘게 포장했다.

믿음은 내 것이 아니고,
하나님의 선물이기 때문이다.

영생도
공짜로 받은 선물이다.

받은 것이 많기 때문에 감사하고,
받을 것이 많기 때문에 행복하다.

그러므로
부족함 없는 넉넉한 마음으로
나누고 나누며 기쁘고 즐겁다.

하루는 이민영 작가가
'순종'이라는 그림을 가져왔다.

'순종', 28×40cm

"어떤 사람이 이 그림을 사겠다고
돈을 가져왔어요.
그런데 이 그림을 보며 기뻐하던 목사님이 생각나서,
도저히 팔 수가 없겠더라고요.

이건 목사님께 드리는 선물입니다."

이렇게 귀한 것을 선물하면서
이토록 활짝 웃는 얼굴은
예수님을 닮았다.

믿음의 향기

백합꽃 한 송이는
온 방을 향기로 가득 채운다.

그 향기에 취하니
어찌 백합을 사랑하지 않을 수 있을까?

그 향기는
어디에서부터 왔을까?

"사람이 친구를 위하여
자기 목숨을 버리면
이보다 더 큰 사랑이 없나니"(요 15:13)

예수님께서는 우리를 사랑하사
자기 자신을 주심으로
"향기로운 제물"(엡 5:2)이 되셨다.

예수님을 믿는 우리는
우리 자신을 드림으로
"그리스도의 향기"(고후 2:15)가 되었다.

주님께서 주님을 주시는 사랑으로
우리가 우리를 드리는 사랑으로
온 세상에 향기를 발한다.

이처럼 서로 사랑하며
하나 된 교회는
향기가 진동하는 천국이다.

목숨을 버리는 사랑으로
사랑의 향기가 온 세상에 진동하니
세상은 그 향기에 취해
하나님을 흠모한다.

백합에 감추인 복음

복음은
하나님의 차별 없는 사랑이다.

누구든지 구원받을 수 있다.

설마 했던 사람도
절대 아닐 것 같았던 사람도
믿음으로 영생을 선물 받고,
서로 사랑하게 되었다.

떨망하지 않고

천예숙, '찬미', 80×61cm, 2014, mixed media on papyrus

사랑의 완성

사랑하는 여인의
마음을 사로잡기 위해
'장미꽃'을 꺾었다.

꽃 중의 꽃!
가장 아름답고, 향기로운
꽃의 여왕!

감히 꽃의 여왕을 꺾어
애인의 품에 바치며

여왕처럼 섬기겠다고 약속했다.

장미꽃은
아무 말 없이
나를 위해 죽었다.

그렇게
자기 죽음으로
내 사랑을 빛나게 했고,
우리 사랑을 완성했다.

왕 중의 왕이신
예수님께서
스스로 자기 몸을 꺾어
우리를 구원하신 것처럼!

멸망하지 않고

장미꽃 세 송이가 피었다.
파랑, 노랑, 빨강

이것은
모든 색의 근원인
'삼원색'(三原色)이다.

여기서
모든 색깔이 나왔다.

이 그림의 장미는
모든 것들의 근원인
'삼위일체'(三位一體) 하나님을 상징한다.

성부, 성자, 성령 하나님께서
'십자가' 위에서 피어나셨다.

십자가는
'멸망의 도구'답게
하나님을 죽였다.

멸망은
정해진 운명이었으니
죽는 것이 당연했다.

그러나
죽음 위에 피어난 생명은
멸망하지 않고
다시 살아났다.

멸망을 이긴 십자가는
삼위일체 하나님의 걸작품이다.

성부께서 계획하시고,
성자께서 완성하시고,
성령께서 사용하시는
'구원의 도구'이다.

예수님을 믿기 전,
멸망 받을 우리는
남을 정죄하는 일에 빨랐다.

그렇게 함께 멸망을 향해 달려갔다.

예수님을 믿는 지금,
이제 우리는 멸망하지 않는다.
멸망을 짊어지신 분 덕분에!
죽음을 이기고 부활하신 분 덕분에!

멸망하지 않는 우리는
멸망 받아 마땅한 원수를 품을 수 있고,
그들을 위해 기꺼이
자기 몸을 꺾을 수 있다.

가시

하나님께서
장미의 몸에 '가시'를 주셨다.

예쁘고, 향기로운 '장미꽃'과
날카롭고, 상처를 주는 '가시'는
서로 어울리지 않는다.

장미는 가시가 싫어
잘라내 버리고 싶다.

할 수만 있다면,
가시를 없애달라고
얼마나 간절히 기도했을까?

그러나 결국
장미는 가시를 받아들였다.

가시는 장미를 찔러
죽이는 것 같았다.

그러나
그 반대였다.

가시는
온 힘을 다해
땅에서부터 기어오르는 벌레들을 막고,
꽃을 꺾으려는 짐승들을 무찔렀다.

가시 덕분에
장미는 꽃에 집중할 수 있었고,
더욱 아름답게 꽃피울 수 있었다.

가시는
장미를 장미 되게 했다.

이제 나는
십자가를 두려워하지 않는다.

나를 나 되게 하는
십자가를 사랑한다.

삶에 피어난 복음

지금까지 내 삶에서 가장 좋았던 때는
'개척 교회 시절'이었다.
그때가 가장 힘들었기 때문이다.

'사람'은 없을 만큼 없었고,
'돈'은 빚질 대로 빚졌고,
'사역'은 실패할 만큼 실패했고,
'마음'은 절망할 만큼 절망했다.

나는
완전히 망한 인생이었다.

그러나 그때 나는
참으로 살아계신
'나의 하나님'을 만났다.

교회를 개척하기 전에도
하나님을 믿었다.

내 열심으로 기도했고,

내 마음으로 찬양했고,
내 방법으로 봉사했고,
내 지식으로 전도했다.

전부 다 내가 하면서,
내 믿음이 좋은 줄 알았다.
내 교만함은 전혀 몰랐다.

그렇게 열심히 하니,
하나님께서도 기뻐하실 줄 알았다.

그러나 내가 완전히 실패하여,
아무 것도 할 수 없을 때,
살아계신 나의 하나님께서
나를 만나주셨다.

그러자 돈이 없지만 부요하고,
무식하지만 지혜롭고,
아무 것도 하지 않지만 모든 것을 할 수 있었다.

이는 고난 없이는
절대로 경험할 수 없는
살아있는 은혜였다.

철저하게 망하여
하나님 앞에 섰을 때,
하나님 말씀이 분명하게 들렸다.

"멸망하지 않고"(요 3:16)

이는 망해본 자만이
선포할 수 있는 고백이다.

우리는 멸망 앞에서
믿음으로 선포한다.

"주님을 믿는 자는
결코 멸망하지 않는다!"

우리 교회는
'꿈꾸는 다락방'이라는 카페를 운영한다.

하루는
꼬부랑 할머니가 문을 열고 들어오셨다.
"물 한 잔만 줘!"

또 하루는
길에서 걷는 게 일인 아저씨가 찾아왔다.
"물 한 잔만 줘요!"

어떤 날은
아이들이 달려와 소리친다.
"물 좀 주세요!"

커피를 파는 카페에서
커피대신 물을 마시는 단골들을 보면서
카페 사장님은 참으로 행복하다.

오늘도 주머니는 허전하지만,
멸망하지 않고
영생을 얻게 하시는
하나님을 믿기 때문이다.

복음을 그리는 화가

천예숙 작가는
'파피루스' 위에 그림을 그렸다.

파피루스는
사람들이 사용하지 않아
잊혀진
죽은 종이다.

화가는
파피루스를 박물관에서 꺼내

생기를 불어넣어
우리 삶 가운데 부활시켰다.

파피루스는
그 옛날 사람들이 정성껏 만들어
성경을 기록한 거룩한 종이다.

화가는
성경을 쓰는 경건한 마음으로
파피루스 위에 그림을 그렸다.

파피루스 위에서
살아서 꿈틀거리는 말씀이
생생한 그림으로 살아났다.

부활

우리 주 예수 그리스도께서
십자가에 달려 죽으셨다.

이 얼마나 끔찍한 일인가?

그런데 놀랍게도 이 잔혹한 죽음이
하나님의 뜻이었다.

성부께서는
'부활의 영광'을 미리 준비해 놓고,
성자를 십자가로 보내셨다.

예수님께서는
믿음으로 기꺼이 순종하셨다.

낮고 천한 말구유에서 태어나
죄인의 친구로 살면서,

사람들이 왕으로 삼으려 할 때는
그들을 피해 떠나 가셨고,

결국 십자가에서 죽으셨다.
그리고 삼 일 후,
다시 살아나셨다.

성령님께서는
우리를 십자가로 이끄신다.

거룩한 죽음과
영광스러운 부활의 자리로
우리를 초대하신다.

나도 그렇게 죽고,
그렇게 살 수 있으니
그저 눈물이 난다.

열매

하나님께서는 죽음을 사용하신다.
"그저 너 자신을 죽여라!
그렇게 너를 나에게 맡겨라!
내가 너를 사용하겠다!"

예수님께서는
십자가에서 자기를 죽여
'나'라는 열매를 거두셨다.

내가 십자가에서 죽으면,
'너'라는 열매를 거둔다.

한 여자가 아이를 임신하면,
뱃속에 있는 아이를 위해
좋은 것만 생각하고, 좋은 것만 먹는다.

그녀는 자신의 가장 좋은 것을
아낌없이 아이에게 준다.
그녀는 그렇게
'성녀'(聖女)가 된다.

죽음은 고통이다.
얼마나 힘들어 눈물을 흘려야 할까?
그러나 죽음은 기쁨이다.
얼마나 많은 열매를 거두게 될까?

그리스도 밖에 있으면,
죽음의 신비를 모른다.
몰라서 좋아한다.

그리스도 안에 있으면,
죽음의 신비를 안다.

알아서 좋아한다.

알아서 좋아하는 내가
몰라서 좋아하는 너를 사랑한다.
그렇게 십자가 고통이 시작된다.

이제 열매를 기대할 수 있을까?

장미에 감추인 복음

복음은
우리의 운명을 바꾸었다.

우리는 멸망하지 않는다.

이제 우리는 예수님처럼
멸망 받아 마땅한 세상을 품을 수 있고,
세상을 위해 기꺼이 죽을 수 있다.

8

국화

영생을

천예숙, '은혜', 45×53cm, 2013, Watercolor

인생

참새는 유익한 새다.
해로운 해충을 먹어,
농작물이 잘 자라도록 돕기 때문이다.
그 작은 입으로
해충을 먹는 사명을 성실하게 이룬다.

그러나 추수 때가 되면,
해로운 새로 돌변한다.
해충을 먹는 사명에서 벗어나
남이 거둔 열매에 욕심을 냈기 때문이다.

참새들은
"무엇을 먹을까"(마 6:31) 염려가 많아
먹는 일에만 집중한다.

그러므로
남들이 피와 땀을 흘린 것도 모르고
그들이 추수한 곡식을 훔쳐 먹고,
방앗간을 약탈한다.

여기에 수많은 참새들이
먹을 것을 찾아 몰려왔다.
이것이 사람들이 예수님을 찾는 이유다.

"너희가 나를 찾는 것은
표적을 본 까닭이 아니요
떡을 먹고 배부른 까닭이로다"(요 6:26)

그들은 먹을 것에 욕심내고,

더 비싸고, 더 맛있는 것을
더 많이 먹으려고 싸운다.

유한한 자기 힘을 믿었으니
가난함을 감추기 위한
몸부림이었다.

주님께서 탄식하셨다.

"썩을 양식을 위하여 일하지 말고
영생하도록 있는 양식을 위하여 하라"(요 6:27)

충만한 삶

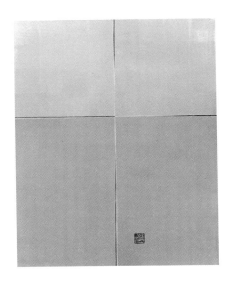

천예숙 작가는
십자가 밖을 노란색으로 칠했다.

이는
누런 황금을 추구하는
세상을 상징한다.

어찌나 매력적인지
많은 사람들의 마음과

삶을 사로잡았다.

그러나
"진리가 그 속에 없으므로"(요 8:44)
거짓, 헛됨, 죽음이 있다.

그 어둠 가운데
예수님의 생명의 빛이 임했다.

예수님께서 오신 것은
**"생명을 얻게 하고
더 풍성히 얻게 하려는 것이라"**(요 10:10)

위로 하늘이 열리고,
**"우리가 다
그의 충만한 데서 받으니"**(요 1:16)

폭포처럼 쏟아져 내려오는 은혜로
영원한 생명의 풍성함을 누린다.

아래로 땅이 열리고
"영생하도록 솟아나는 샘물"(요 4:14)을
공급받으니

아무런 부족함도 없고,
더 이상 욕심낼 것도 없다.

하늘과 땅이 열리니
"그 배에서
생수의 강이 흘러나오리라"(요 7:38)

유한한 인간이
하나님의 영원한 생명을 얻었으니

없음에서 해방되었고,
옆으로 세상이 열렸다.

이제는
빼앗지 않고도 소유하며,
나누면서도 부족함이 없다.

먹을 것을 위해 살던 참새들이
십자가 생명으로 들어왔다.

푼돈에 팔렸던 참새들이
하나님의 생명을 얻었다.

이제 그들은
십자가 안에서
십자가의 눈으로 세상을 본다.

더 이상 그들은
먹기 위해 살지 않는다.
이미 충분히 배부르기 때문이다.

이것이 영생이다.

국화

가을이 지나고
겨울이 다가올 때,
꽃들의 빈자리를 채워주는
꽃이 있다.

묵묵히 자기 자리를 지키며
사군자(四君子)로서
고결한 가치를 드러내는
꽃이 있다.

너무 화려하지 않게
나보다 너를 세워주며
깊은 감동을 주는
꽃이 있다.

꽃을 꺾어도
오랜 시간 시들지 않고,
인생의 진한 향기를 발하는
꽃이 있다.

죽어서도
차나 화전으로 부활하여
우리 몸을 건강하게 하는
꽃이 있다.

헌화

누군가의 죽음 앞에 서면,
그저 미안한 마음으로
이제라도 가장 좋은 것을 드리고 싶다.

그래서
국화꽃을 바친다.

사랑하는 사람의 죽음 앞에
국화꽃을 바친다.

당신은 이처럼 향기로웠다고.

존경하는 사람의 죽음 앞에
국화꽃을 바친다.
당신은 이처럼 깨끗하고 순결했다고.

무관심했던 사람의 죽음 앞에
국화꽃을 바친다.
당신의 가치를 몰라봐서 미안하다고.

성도는 예수님의 죽음 앞에
붉은 국화꽃을 바친다.
당신의 피로 물든 사랑으로 사랑하겠다고.

죽음은 본질을 드러낸다.

예수님의 죽음은
그분의 말씀을 증명했고,
그분의 삶을 완성했고,
부활 승리를 성취했다.

영생

하나님께서
독생자의 목숨을 주시면서 까지
우리에게 선물하기 원하셨던 것은
'영생'이었다.

사람들이 예수님께 원했던 것은 성공이었다.
그러나 주님께서는
자신의 '죽음'으로 영생을 선물하셨다.

십자가 죽음으로
'부활'을 보여주시고
영생을 꿈꾸게 하셨다.

"영생은
곧 유일하신 참 하나님과
그가 보내신 자 예수 그리스도를
아는 것이니이다"(요 17:3)

아는 것은
안에 있는 것이고,

안에서 보고, 듣고, 행하여
사는 것이다.

성령님께서
"모든 것을 생각나게"(요 14:26) 하시니
더욱 분명히 알고,
영생의 평안과 기쁨을 누린다.

십자가 안에서
십자가의 눈으로 세상을 보니,
볼품없었던 참새가
예수님으로 보인다.

천예숙 작가는
십자가를 그린 후,
그 제목을 '은혜'라고 했다.

하나님의 은혜로
예수 그리스도의 십자가 안에서
인간의 삶에서 벗어나
'하나님의 삶'을 살게 되었기 때문이다.

영생은
'하나님의 생명'이다.

'나'를 위해 사는
이기(利己)는 죽고,
'너'를 위해 사는
이타(利他)로 살아났다.

죽음을 두려워했던
겁쟁이는 죽고,
죽음을 기대하는
용사로 살아났다.

죽음으로 끝나는
인간의 유한한 생명은 죽고,
영원히 사는
하나님의 무한한 생명으로 살아났다.

삶에 피어난 복음

하루는 우리 아들이
아주 큰 잘못을 했다.

지금 돌아보면,
그의 잘못이 무엇이었는지 기억나지 않는다.
그러나 많이 혼날 수밖에 없는
큰 잘못이었던 것은 분명했다.

자기 방에 웅크리고 앉아
아버지의 처벌을 기다리던 모습에는
어둠이 가득했다.

잔뜩 긴장하며,
멸망을 준비하고 있었다.

그러나 나는
그저 우리 아들을 꽉~ 끌어안았다.
그리고 속삭였다.

그럼에도 불구하고,

아빠가 아들을 얼마나 사랑하는지…
우리 아들이 얼마나 사랑스러운 존재인지…
하나님께서 얼마나 크게 사용하실 것인지…

아빠 품에 안겨있던 아들은
변화되었다.

어둠은 사라졌고,
환한 얼굴로 빛나게 웃으며 말했다.

"아빠는
진짜로 나를 사랑하는 것 같아!"

아버지 품에 안긴 아들은
멸망하지 않고
찬란하게 빛나는 영생의 옷을 입는다.

이것은
예수님께 배운 방법이었다.

주님께서는
배신자 베드로를 책망하는 대신
배불리 먹이신 후, 속삭이셨다.

"네가 나를 사랑하느냐"(요 21:17)

이렇게
그 안에 숨어있던
사랑을 끄집어내셨다.

그리고
영생의 사명으로 살게 하셨다.

"내 양을 먹이라"(요 21:17)

복음을 그리는 화가

천예숙 작가의 수많은 그림들 중,
이 책에 소개한 작품에는
공통점이 있다.

그것은 '십자가'다.

십자가는
사람을 죽이기 위해 만들어진
'멸망의 도구'였다.

사람들은
하늘을 향해 곧게 뻗어 자라나며
세상을 푸르고 푸르게 했던 나무를 잘랐다.

그렇게 나무를 죽여 십자가를 만들고,
그 위에 사람들을 매달아 죽였으며,
또 거기서 하나님도 죽였다.

그러나 십자가에 달리신 하나님께서는
죽음을 죽이고,
다시 살아나셨다.

그러자
사람을 죽였던 어둠의 도구는
사람을 살리는 생명의 빛이 되었다.

그러므로 천예숙 작가는
십자가를 어떤 형상으로 그리지 않고,
눈에 보이지 않는 '빛'으로 표현했다.

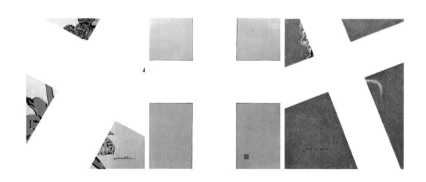

우리는 주님과 함께 십자가에서 죽었고,
십자가 안에서 다시 살아나
우리의 삶이 활짝 열렸다.

'눈'이 열리니,
온 세상에 하나님의 영광이 충만하여
폭풍 속에서도 하나님의 구원을 보고,
원수도 예수님처럼 섬긴다.

'귀'가 열리니,
욕심을 채워주는 매혹적인 소리는 듣기 싫고,
사랑이 가득한 진리를 분별하여
목숨을 걸고 순종한다.

'입'이 열리니,
꿀보다 달콤한 생명의 말씀을 맛있게 먹고
생명을 살리는 복음을 말하며
맛깔스럽게 산다.

'몸'이 열리니,
나를 어루만져 주시는 하나님을 느끼고,
온 땅에 가득한 하나님을 호흡하며
열정을 품고 주님을 섬긴다.

국화에 감추인 복음

복음은
하나님의 생명이다.

믿는 자마다 영생을 선물 받았다.

유한한 인간이
무한한 하나님의 삶을 살게 되었으니
십자가 안에서 만족하고, 기뻐한다.

9

포도나무

얻게 하려 하심이라

천예숙, '성령 충만', 32×41cm, 2012, Mixed Media

포도나무와 가지

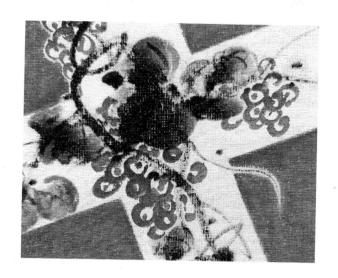

예수님께서 말씀하셨다.

"**나는 포도나무요**
너희는 가지라"(요 15:5)

왜 하필
포도나무일까?

사과나무나
무화과나무가 더 좋지 않을까?

그러나
포도나무 '가지'를 보며 깨달았다.
"이만큼 나를 잘 표현한 것도 없구나!"

포도나무 가지는
아주 얇고, 구불구불하여
그 자체로는 아무 쓸모가 없다.

그러므로
나무에서 떨어진 가지는
그냥 버려질 수밖에 없다.

"사람이 내 안에 거하지 아니하면
가지처럼 밖에 버려져 마르나니
사람들이 그것을 모아다가
불에 던져 사르느니라"(요 15:6)

그러나 그 가지가
포도나무에 붙어 있으면,
존재의 가치는 완전히 달라진다.

그 초라한 모습에 비해,
너무나도 풍성한 열매를 맺기 때문이다.

예수님과 우리의 관계가
꼭 이와 같다.

"그가 내 안에, 내가 그 안에 거하면
사람이 열매를 많이 맺나니
나를 떠나서는
너희가 아무 것도 할 수 없음이라"(요 15:5)

우리는
그리스도 안에서
우리가 상상조차 할 수 없는
풍성한 열매를 맺는다.

그저 묵묵히
그리스도 안에 있으면
저절로 풍성한 열매가 맺힌다.

열매를 맛보며 누리는 행복은
보너스다.

삶에 피어난 복음

처음 교회를 개척했을 때,
그 모습은
작고 초라한 가지와 같았다.

이처럼 깡마른 가지가
무엇을 할 수 있을까?

그러나
시간이 지나면서
가지에 가지가 더하고
서로 얽히고설키며
조금씩 자라나기 시작했다.

우리 안에 틈이 생기면,
한 가지가 들어와 채우고,
다른 가지가 더하여 메꾸며,
십자가를 따라 자라났다.

어떤 가지는 지혜로,
어떤 가지는 기도로,

또 어떤 가지는 자기 몸으로
서로의 부족함을 채웠다.

내가 할 수 있는
작은 사랑을 내놓았을 뿐인데,
우리의 빈자리가 메꿔졌고,
풍성한 열매를 맺을 수 있었다.

가지인 우리가
열매를 주렁주렁 맺는 비결은 간단하다.

포도나무인 예수님 안에
거하는 것이다.

우리가 어떻게
예수님 안에 거할 수 있을까?

**"내 계명을 지키면
내 사랑 안에 거하리라"**(요 15:10)

주님의 계명은 무엇일까?

"내 계명은 곧

내가 너희를 사랑한 것 같이

너희도 서로 사랑하라 하는

이것이니라"(요 15:12)

그 사랑 안에서

서로 사랑하며,

사랑의 열매를 얻고,

함께 풍성하게 나누는 삶!

이것은 복음이다.

복음을 그리는 화가

하루는 천예숙 작가에게 물었다.
"그림은 무엇입니까?"

그녀는 한 마디로 대답했다.
"사랑입니다."

천예숙 작가는
사랑을 그린다.

참으로 사랑하는 것을
표현할 수 있는 최선의 사랑으로
정성스럽게 화폭에 담는다.
그리고 아낌없이 나눈다.

그 사랑이 고맙기도 하고,
미안하기도 하여
그 사랑을 사양한 적이 있었다.

"이제는 사랑을 그만 주세요."

그러자
사랑을 나누지 못했다는 안타까움을
감추지 못했다.

그 사랑은
나를 행복하게 했다.

이제는 나도
더 좋은 것을 달라고 요구하며
함께 기뻐할 수 있다.

그러면 천예숙 작가는
무엇이든 아낌없이 주며
기뻐하고 또 기뻐한다.

그리고
더 줄 수 있는 것이 없는지
살피고 또 살핀다.

하루는
천예숙 작가에게 연락이 왔다.

작품들을 교회에 기증해도
괜찮겠냐는 것이었다.

그녀는
140점이나 되는 작품들을
헌물 했다.

평생 동안 낳아서 기른
아들과 딸 같은
그 귀한 작품들을 아낌없이 주는 그 마음에
하나님의 사랑이 있었다.

독생자를 통해 영생을 주시는
하나님의 사랑이!

나는 그 작품들을
미술 선교 사역을 위해 사용하겠다고 약속했다.

먼저 용인 태평양교회 갤러리에서
선교 후원을 위한 작품 기증 기념전을 열었다.

그리고 오산 더하임 카페 교회에서
'성화 전시회'를 개최했다.

앞으로 더 많은 교회에서
천예숙 작가의 작품들이
영생의 열매를 맺게 될 것이다.

십자가를 따라

포도나무는
절대로 혼자 자랄 수 없다.

그 가지는
홀로 설 수 있는 힘이 없기 때문에
그냥 땅바닥에 너부러진다.

게다가
자기가 맺은 열매도
스스로 감당하기 벅차다.

그러므로
포도나무가 잘 자라나
좋은 열매를 맺으려면,
반드시 '지지대'가 필요하다.

농부는
포도나무에게 꼭 필요한
좋은 지지대를 만든다.

지지대의 모양은
농부의 마음이다.

그림을 보자.
"농부"(요 15:1)가 되시는 하나님께서
우리를 위해 지지대를 세우셨다.

하나님께서
우리에게 만들어주신 지지대는
'십자가'다.

포도나무 가지는
농부의 뜻에 '순종'하여,
십자가 안에서
십자가를 '따라' 자라난다.

십자가에서 떨어질까 두려워
온몸으로 감싸고
꽉 끌어안아
완전히 하나가 된다.

포도나무 가지는
십자가에서 벗어나고 싶지 않을까?

왜 답답하지 않겠는가?
얼마나 힘들겠는가?

그러나
십자가 안에서 얻을 수 있는
그 열매의 풍성함을 맛보니
그 안에서 평안을 누린다.

"너희가 나를 택한 것이 아니요

내가 너희를 택하여 세웠나니

이는 너희로 가서 열매를 맺게 하고

또 너희 열매가 항상 있게 하여

내 이름으로 아버지께 무엇을 구하든지

다 받게 하려 함이라"(요 15:16)

차고 넘치는 얼음

어릴 때, 우리 집에 있던 포도나무에는
많은 열매가 맺혔다.

처음에는
작고, 단단하고, 예쁜 초록색이었다.
점점 크면서
거무스름하고, 먹음직스럽게 익어간다.

어릴 적 나와 형제들은 인내심이 적었다.
열매가 생길 때부터 따먹기 시작했다.
신맛만 강했는데도,
얼굴을 찡그리며 좋아했다.

그런데 그렇게 먹어도
포도나무 열매는 주렁주렁 맺혔다.

우리 집에 방문하는 사람들도
포도나무 열매를 좋아했다.

어떤 사람은 그 자리에 서서
한 알, 두 알 따먹었다.

또 어떤 사람은
한 송이 두 송이 따서 가져가기도 했다.

단 한 그루였지만,
그렇게 따먹어도
모두가 넉넉하게 나눠 먹을 수 있을 만큼 풍성했다.

포도나무 열매를 공짜로 따먹으면서도
포도나무에게 "참 감사합니다!"라고
인사하는 사람은 없었다.

그러나 포도나무는
자기 보물을 감추지 않는다.
아까워하지도, 섭섭해 하지도 않고,
기꺼이 나눠준다.

사실 그 열매는
하나님의 것이다.

포도나무도 공짜로 얻었으니
기꺼이 나눌 수 있다.

이처럼 '은혜'란
대가 없는 나눔이다.

나누고, 나누며,
차고 넘치도록 누린다.

은혜가 넘치는 포도나무는
해마다 더욱 풍성한 열매를 맺으며,
세상을 더욱 부요하게 한다.

어머니 사랑

예수님의 공급하시는 사랑은
어머니를 닮았다.

어머니는 자녀에게
자기 생명을 주는 것으로 끝내지 않고,
가장 든든한 후원자가 된다.

어머니는 자기 자녀를 꼼꼼하게 관찰한다.
어디 아픈 곳은 없는지…
뭔가 부족한 것은 없는지…

그리고 필요한 모든 것을
가장 좋은 것으로 아낌없이 채워준다.

어머니 품에 안긴 아이는
뭔가 필요한 것이 있을 때,
그저 울기만 하면 된다.

아플 때도, 힘들 때도,
그저 울기만 하면 만사형통이다.

어머니가 알아서
다 해결해 줄 것이기 때문이다.

참으로 신기하게도
어머니는 자기 자녀가 왜 우는지 잘 안다.
평소에 사랑으로
꼼꼼하게 보살폈기 때문일 것이다.

어머니 품에 안긴 아이는
결국 울음을 멈추고,
행복하게 잠을 잘 수 있다.

어머니가
한없는 사랑으로
자기의 부족함을 채워줄 것을
믿기 때문이다.

이것이
하나님 안에서 사는 삶이다.

"너희가 내 안에 거하고
내 말이 너희 안에 거하면
무엇이든지 원하는 대로 구하라
그리하면 이루리라"(요 15:7)

포도나무에 감추인 복음

복음은
하나님의 무한한 능력이다.

우리는 날마다 하나님께 공급받는다.

공짜로 받았으니, 기꺼이 나눠주며
모두 함께 넉넉한
하나님 나라의 백성으로 산다.

하나님이
세상을
이처럼 사랑하사
독생자를 주셨으니
이는 그를
믿는 자마다
멸망하지 않고
영생을 얻게
하려 하심이라

요한복음 3:16

세상에서 가장 복된 소식

요한복음 3장 16절

**"하나님이 세상을 이처럼 사랑하사 독생자를 주셨으니
이는 그를 믿는 자마다
멸망하지 않고 영생을 얻게 하려 하심이니라"**

읽고, 또 읽고
묵상하고, 또 묵상하고
살고, 또 살아야 할 말씀이다.

이 말씀은
세상을 살리는 '복음(福音)'이지만,
여기서 한 글자만 바꿔도
세상을 죽이는 '소음(騷音)'이 된다.

"하나님이"
여기에는 아주 작은 불순물도 섞일 수 없다.
그러나 그 자리에
'목사', '부모', '돈',
심지어 '나'가 들어가
감히 하나님을 대신하려 한다.

"세상을 이처럼 사랑하사"

여기서 '이처럼'을 '아주 많이'로 바꿔 읽기 쉽다.
하나님의 무한하신 사랑을
인간보다 아주 많이 크지만
한계가 있는 사랑으로 바꾸어 놓았으니,
불안하고, 만족하지 못한다.

"독생자를 주셨으니"

우리는 이미 독생자를 받았다.
날마다 주님과 동행하는 거룩한 삶을 산다.
그러나 '독생자를 주실 것이니'라고
바꾸어 읽기 때문에
구하고 또 구하는 어리석은 자가 된다.

"이는 그를 믿는 자마다"

하나님의 사랑에 차별은 없다.
그러나 '이는 그를 믿는 우리에게'로 바꿔
나와 너를 구별하고,
나를 위한 이기적인 삶을 살면서
자기 믿음을 자랑하는 교만한 자가 된다.

"멸망하지 않고 영생을 얻게 하려 하심이라"

하나님의 선물은 '영생'이다.

그러나 그 자리에
내가 원하는 '성공'을 집어넣는다.
그렇게 영원한 생명을 버리고
짧은 인생에서의 성공을 추구한다.

"만일 누구든지 이것들 외에 더하면
하나님이 이 두루마리에 기록된 재앙들을
그에게 더하실 것이요"(계 22:18)

"만일 누구든지 이 두루마리의 예언의 말씀에서
제하여 버리면
하나님이 이 두루마리에 기록된 생명나무와
및 거룩한 성에 참여함을 제하여 버리시리라"(계 22:19)

그림 묵상 기도

그림은
아주 좋은 기도의 도구다.

특별히 영감이 있는 성화는
우리가 하나님의 말씀을
잘 들을 수 있도록 돕는다.

'그림 묵상 기도'의 방법은 다양하다.

여기서는 이 책을 쓰면서
내가 했던 방법을 소개하려고 한다.

이 책의 첫 번째 그림으로
그림 묵상 기도를 연습해보자.

첫째, 요한복음 3장 16절 말씀을 읽는다.
아주 천천히, 한 단어씩 끊어서
말씀을 10번 읽는다.

둘째, 눈을 감고 10분 동안 말씀을 묵상한다.
말씀 중에 첫 번째 단어인 "하나님이"를
마음으로 잠잠히 묵상한다.

셋째, 눈을 뜨고 10분 동안 그림을 감상한다.
편안한 마음으로 그림을 보며
하나님께 묻기도 하고, 듣기도 한다.

넷째, 묵상 노트를 펴서 묵상 일기를 쓴다.
이것은 손으로 쓰는 기도이다.
앞부분에는 깨달은 지혜를 쓰고,
뒷부분에는 결단의 내용을 쓴다.

이때 글을 잘 쓰려고 애쓰지 말고,
또한 중간에 끊지 말고,
노트의 한 면을 다 채운다.
한 면을 넘기는 것도 좋지 않다.

글을 쓰는 가운데
내가 생각하지도 못했던
하나님의 음성을 들을 수 있을 것이다.

이와 같은 방법으로
이 책에 나오는 다른 그림으로도
그림 묵상 기도를 연습해보자.

아래는 내가 했던
'그림 묵상 기도' 내용이다.

하나님께서는 내가 진실로 하나님을 알기를 원하셨군요.
성경에서 직접 계시해 주셨고,
육신으로 우리에게 오셔서 보여주셨고,
성령으로 확실하게 계시해서 알게 해주셨네요.
내가 무지해서~ 자꾸 더~ 더~ 더~ 원했지만,
이미! 이미! 이미! 하나님을 알게 하셨군요.

수많은 해바라기들은 주님을 닮았습니다.
하나님의 형상을 그들 안에 감추어 놓으셨군요.
하나님을 닮은 해바라기들이 이렇게나 많네요.

이 꽃들은…
믿음의 선배이며,
믿음의 동역자이며,
또한 우리 자신이네요.

우리 안에 하나님이 계셨군요.
내 안에서 하나님을 볼 수 있게 하셨군요.

나는 하나님을 닮았고, 하나님을 닮아가며
하나님을 세상에 드러내는 하나님의 자녀입니다.
세상이 하나님을 보고 싶을 때,
나를 통해 보게 될 것입니다.

나를 웃게 하시는 하나님!
하나님을 볼 수 있어 웃고,
깨달아서 웃고,
전할 수 있어서 웃습니다.

이처럼 분명하신 분을~
세상은 왜 모른다고 할까요?
하나님을 보게 하신 하나님!
하나님을 전하는 요한이 되겠습니다.

작가 소개

이태운 작가

중앙 대학교 예술대학 서양화과 졸업
개인전 20회/태평양교회 갤러리, 현대 백화점무역센터,
인데코, 빛, 진흥, 아산갤러리, 시카고, 프랑스 빠리초대전 등
국제전 7회/동경, 프랑스, 독일, 영국, 미국, 멕시코 등
제2회성화대전 대상수상(국립현대미술관:1985)
창작미협 공모전 특선(미술회관:1984)
현재 : 미협 회원, 강동 미협 고문,
기독 미술 공모전 심사 위원 및 운영위원장 역임

이민영 작가

한남 대학교 미술교육과(동양화전공) 졸업
초대 개인전 10회
태평양교회 갤러리 초대전 (2016년11월)
춘천 오르갤러리 개인전 (2018년 6월)
한국미술인선교회 회원전 (2018년 7월)
황금과 유향과 몰약전 (2018년 12월)
부활의 노래전 (2019년 4월)
현재 : 대한민국 기독교 미술대전 초대작가
한국 미술인 선교회 회원

천예숙 작가

홍익대학교 미술대학원 졸업
개인전 35회
태평양교회 갤러리, 서울, 뉴욕, 파리, 러시아
핀란드, 오스트리아, 독일, 이태리, 스위스, 인도, 일본 등
제 5회 자랑스러운 21세기 한국인상-예술부문(서울 프레스센터)
제 12회 대한민국 미술전람회 대상 수상(현대 미술관)
제 21회 한국 문화 미술대전 금상 수상(세종 문화회관)
현재 : 한국미술협회, 서울미술협회, 기독교미술협회,
강남미술협회, 일소회, 홍미회, 강중침미술사랑선교회 회원,
국제문화협회 운영위원, 한국문인화협회초대작가,
기독교미술대전 운영위원 및 심사위원,
한국기독교미술인선교회 회장 역임

망망한 바다 한가운데서 배 한 척이 침몰하게 되었습니다.
모두들 구명보트에 옮겨 탔지만 한 사람이 보이지 않았습니다.
절박한 표정으로 안절부절 못하던 성난 무리 앞에 급히 달려 나온 그 선원이
꼭 쥐고 있던 손바닥을 펴 보이며 말했습니다.
"모두들 나침반을 잊고 나왔기에… "
분명, 나침반이 없었다면 그들은 끝없이 바다 위를 표류할 수 밖에 없을 것입니다.

우리는 삶의 바다를 항해하는 모든 이들을 위하여
그 나침반의 역할을 하고 싶습니다.
우리를 구원하신 위대한 주 예수 그리스도를 널리 전하고 싶습니다.

"하나님은 모든 사람이 구원을 받으며
진리를 아는 데에 이르기를 원하시느니라"
(디모데전서 2장 4절)

꽃에 감추인 복음

지은이 | 박영직
그린이 | 이민영, 이태운, 천예숙
캘리그라피 | 장기쁨
발행인 | 김용호
발행처 | 나침반출판사

제1판 발행 | 2019년 8월 5일

등 록 | 1980년 3월 18일 / 제 2-32호
본 사 | 07547 서울특별시 강서구 양천로 583
　　　　블루나인 비즈니스센터 B동 1607호
전 화 | 본사 (02) 2279-6321 / 영업부 (031) 932-3205
팩 스 | 본사 (02) 2275-6003 / 영업부 (031) 932-3207
홈 피 | www.nabook.net
이 멜 | nabook@korea.com / nabook@nabook.net

ISBN 978-89-318-1579-5
책번호 가-3105

값은 뒷표지에 있습니다.